Como cuidar a una mascota

por Elizabeth Moore

Consultora:
Adria F. Klein, Ph.D.
California State University, San Bernardino

capstone
classroom
Heinemann Raintree • Red Brick Learning
division of Capstone

Emma cuida a su mascota.

Jacob cuida a su mascota.

Emily cuida a su mascota.

Josh cuida a su mascota.

Madison cuida a su mascota.

Ben cuida a su mascota.

¿cómo cuidas a tu mascota?